# Il mio GRANDE LIBRO delle AVVENTURE

DoReMi è un marchio EDICART Style
Via Jucker, 28 - Legnano (MI) - Italia
Titolo originale: *My Big Book of Adventures*

Illustrazioni di *Richard Watson, Emma Levey, Pauline Reeves, Maxine Lee* e *Genie Espinosa*
Testi di *Camilla de la Bédoyère*
Traduzione dall'inglese di *Bradamante* per *On the Trail of the Whale* e *Where is the Bear?*
Traduzione dall'inglese di *Emma Lenzi* per *The Great T-rex Adventures*
*The Huge Bug Hunt - The Speedy Space Chase*
Traduzione e adattamento delle parti in rima dall'inglese di
*The Great T-rex Adventures - The Huge Bug Hunt - The Speedy Space Chase*
di Bradamante


www.edicart.it

# Il mio GRANDE LIBRO delle AVVENTURE

DoReMi

# Dov'è finita MILÙ la balena?

Milù è enorme! Ha le pinne più grandi di qualsiasi altro pesce per poter nuotare velocemente.
Sono una **spatola rosata.** Che animale è Milù?
1. Un polipo come Otto
2. Uno squalo
3. Una megattera
Le mangrovie hanno radici lunghe e aggrovigliate che crescono sopra il terreno o nell'acqua. Sono una **stella marina** e vivo qui, in una **palude di mangrovie** calda e poco profonda. Abbiamo visto Milù nuotare oltre la palude, nel caldo Mar dei Caraibi.
Cerca gli uccelli, un po' neri e un po' bianchi che nuotano e cacciano nei mari gelati. Hanno indizi preziosi per te, e sono tanti... se saprai affrontare i paesi innevati!

Fa molto freddo perché siamo nell'Oceano antartico!
Sono un pinguino imperatore. Vivo qui in Antartide con la mia famiglia e i miei amici. Inseguiamo i branchi di pesci in queste acque gelate!
Brrrr! Fa troppo freddo per me qui! Qualcuno ha visto Milù?
Sì, Milù è stata qui... Era molto affamata!
Sono un pesce ghiaccio. Non importa quanto fa freddo, il freddo... a me piace tanto!

Sono uno degli uccelli più grandi del mondo, sono l'**albatro**. La mia apertura alare è di 3,5 metri!
Noi **pinguini** siamo uccelli ma non sappiamo volare.
L'Antartide è il posto più freddo sulla Terra. Ho preso il nome da lì: sono un **merluzzo dell'Antartico**. Pochi animali sopravvivono qui e non ci sono piante...
Milù mi spaventa, perché il suo cibo preferito sono i **Krill...** come me! Osserva e conta: quanti di noi vedi?
Milù balena qui si è sfamata poi verso mete più calde è partita alla ricerca dei mari... fioriti con i fondali più colorati!

Benvenuto nelle tiepide acque della meravigliosa **barriera corallina!**
Sono un **pesce pagliaccio**, e questa è la **Grande Barriera Corallina**, dove vivono milioni di bellissime creature. A volte le balene fanno un giretto fin qui, forse anche Milù!
La barriera corallina è fatta di miliardi di piccoli animali chiamati polipi i cui scheletri, nel corso di migliaia di anni, hanno formato la barriera... E questa è la barriera corallina più grande del mondo!
Sono una **stella corona di spine** e mi nutro di polipi dei coralli. Misuro 30 centimetri di larghezza: usa un righello per vedere quanto sono grande!

Stammi lontano! Io sono un **pesce balestra**. Mordo e non amo farmi amici. Uso la mia pinna dorsale per incastrarmi in spazi angusti in modo che nessuno possa prendermi.
Ho perso il mio gemello. Riesci a trovare un altro pesce che sia esattamente uguale a me?
Sono un **pesce pappagallo.** Sgranocchio il corallo fino a trasformarlo in sabbia!
Forse posso aiutarti... Sono uno **squalo martello** e uno dei miei amici ha visto una megattera. Nuota alla pagina successiva per incontrarli.

SCUOLA DI SQUALI
SQUALO PINNA NERA DEL REEF: LE SUE PINNE HANNO LA PUNTA NERA.
SQUALO PINNA BIANCA DEL REEF: I MARGINI DELLE SUE PINNE SONO BIANCHI.
SQUALO GRIGIO DEL REEF: TUTTE LE PINNE HANNO LE PUNTE SCURE, ECCETTO LA PINNA DORSALE.
* La pinna dorsale è la grande penna triangolare sul dorso.
Troverai Milù nel Mar Nero!
Questa è una scuola per gli squali. Lo squalo pinna nera ha visto una balena. Segui il suo consiglio e forse troverai la tua amica!
Ma come distinguo gli squali? Forse le spiegazioni alla lavagna mi aiuteranno...

Tornatene da dove sei venuto!
Vai ad est e tuffati nelle acque profonde dell'Oceano Pacifico!

Queste acque dell'oceano sono gli **abissi** e qui non arrivano nemmeno i raggi del sole.
L'**Oceano Pacifico** è l'oceano più profondo del Pianeta, in alcuni punti anche profonde 11 000 metri! La pressione dell'acqua è così alta che possono vivere qui soltanto pochi animali, come me, per esempio: sono un **granchio gigante del Giappone**.
No, no! Milù non può essere qui! Lo squalo pinna nera dev'essersi confuso!

I capodogli respirano aria, ma possono rimanere sott'acqua per quasi un'ora prima di risalire. Possono nuotare a profondità di oltre 2000 metri, e mangiare migliaia di **polpi Dumbo** come me!
Ciao Otto, è bello vederti! Qui negli abissi è troppo profondo e buio per Milù, solo noi **capodogli** possiamo farcela. Ma se segui quella luce laggiù... troverai un altro indizio!
Sono una *Anoplogaster cornuta*, un **pesce degli abissi.** I miei denti sono così lunghi che non posso chiudere la bocca!

Ehi, cosa fai qui, Otto! Sei arrivato in fondo all'oceano!
Sono una **rana pescatrice maschio** e questa è mia moglie: è molto più grande di me! Usa una luce all'estremità della sua lunga pinna che ha sulla testa per attirare i pesci. Loro pensano che ci sia qualcosa di gustoso da mangiare... e quando si avvicinano lei se li mangia!
Stai cercando una megattera? C'è un indizio laggiù! Tutti dicono che è troppo buio per vederci qualcosa. Ma se usiamo la mia luce possiamo leggerlo...

Molti animali quaggiù, compresi i **calamari vampiro** come me, fanno la loro luce. Impara come creare il tuo inchiostro invisibile - visibile solo alla luce di una torcia - mettendo queste istruzioni fluttuanti nel giusto ordine
Immergi un cotton-fioc nella miscela e usalo per scrivere un messaggio segreto sulla carta.
Metti la carta vicino a una fonte luminosa e la scritta riapparirà.
Lascia asciugare così che le parole scompaiano.
Mescola del succo di limone con un po' d'acqua.
Quelle bocche fumanti sono come vulcani sottomarini. Devi essere un tipo davvero speciale, per esempio un **granchio** come me, per sopravvivere qui!
Qui l'acqua è più buia dell'acqua più nera
qui non c'è luce, non c'è primavera...
vai verso est, troverai buoni auspici
dove le megattere cantan felici!

Benvenuto nella **foresta di Kelp!**
Il Kelp è la più grande alga al mondo e può crescere più di 30 metri di lunghezza. Mi aggrappo alle alghe con il mio cucciolo così le onde non ci trascinano lontano! Siamo **lontre di mare**.
Riesci a vedere i **ricci di mare rossi?** Stanno mangiando le alghe... e poi mamma mangia i ricci!
Sono un **pesce luna** e amo crogiolarmi nelle tiepide acque poco profonde. Se l'alga cresce un metro in soli due giorni, quanto impiega a crescere 5 metri?

Ehi, qui sto pescando io! Sono un **marangone dalla doppia cresta**. Abbiamo visto la tua amica megattera: ci ha cantato una canzone meravigliosa poi è ripartita...
**Pesciolini** come noi vivono bene qui: possiamo nasconderci dai grandi pesci che vogliono mangiarci!
Abbiamo visto un'enorme balena
e ci ha cantato una dolce canzone
sulle incantevoli aurore polari,
sugli orsi bianchi, sui ghiacci, sui mari...

Questa è la nostra casa, il **mar Glaciale Artico!**
Sono un **orso polare.** Durante l'inverno qui il mare... diventa ghiaccio.
Milù è stata qui, certo, e ha mangiato piccoli animali, chiamati **plancton.**
Ci sono cinque oceani e il Mar Glaciale Artico è il più piccolo. Sono uno **squalo della Groenlandia.** Nuoto lento e tranquillo nel mare ghiacciato.

Di notte, le temperature nell'Artide sono sempre sotto lo zero e il cielo lampeggia e brilla di verde e di blu: è l'aurora boreale. Noi **renne** abbiamo un pelo folto che ci tiene calde!
Sono un narvalo, famoso per la mia lunga zanna. Quando avrai trovato questi tre animali che si sono nascosti nella neve, la **volpe artica**, la **civetta delle nevi** e la **lepre artica**, gira la pagina!
Seguimi Otto, sono un'**orca**. Ci sono molti animali nella pagina successiva, forse uno di loro sa dov'è andata Milù.

GARA DI NUOTO
La gara sta per **iniziare!**
La lettera sulla foca più veloce ti dirà in quale direzione proseguire: Nord, Sud, Est o Ovest. Ma qual è la più veloce?
Ah, dimenticavo... sono un **tricheco**. Vedi le mie zanne? Sono denti, e ciascuno cresce fino a un metro!
O
Le foche possono immergersi a 4000 metri di profondità e rimanere sott'acqua fino a un'ora! Questo le rende difficili da cacciare, anche per noi **orche** e per gli altri straordinari predatori del mare!
Quando una foca vuole nuotare molto veloce tiene le pinne contro i lati del corpo. Guardami! Io posso nuotare per **6** metri in **12** secondi!
Alcune foche nuotano a oltre 30 chilometri orari, specie quando inseguono un pesce appetitoso! Io sono in forma: posso nuotare **6** metri in **6** secondi.

Da che parte devo andare?
S
E
N
Possiamo saltare 2 metri fuori dall'acqua sulla banchisa. Voglio vincere! Io nuoto per **3** metri in **6** secondi.
Le foche non possono respirare sott'acqua, e per farlo vengono in superficie. Io sono superveloce! Nuoto **3** metri in **12** secondi.

Benvenuto nella **spiaggia rocciosa!**
Questi sono i miei cuccioli! Papà **cavalluccio marino** tiene i suoi piccoli in una sacca sulla pancia fino a quando sono cresciuti e sanno nuotare da soli!
Milù si è fermata qui per riposare. Sai che noi **paguri** viviamo nelle conchiglie abbandonate da altri animali?

I **pulcinella di mare** come me sono facili da riconoscere: il nostro becco è molto colorato! Alcuni tursiopi vivono qui, e credo che uno di loro abbia visto Milù!
Noi siamo le **patelle**! Sugli scogli si frangono le onde, soffia il vento e piove forte, quindi noi ci aggrappiamo con forza alle rocce!
Se aggiungi il numero di gambe di un pulcinella di mare al numero delle gambe di un granchio, la risposta è un numero più alto o più basso di 10? Sono un **grongo**, e non ho gambe!

Siamo poco lontani dalla costa, nell'**Oceano Atlantico** e una focena sta nuotando con i delfini: ti dirà la strada per proseguire la tua ricerca di Milù. Non ascoltare i delfini, ti manderebbero nel posto sbagliato!
Questi **delfini** hanno tutti un lungo muso, chiamato a 'becco', e una pinna dorsale curva che li aiuta a nuotare veloci. Le focene sono di solito più piccole dei delfini, con la testa rotonda, senza il becco, e la loro pinna dorsale è triangolare.
Posso crescere oltre i 2 metri. Il mio cucciolo mi sta sempre vicino! Milù è nell'oceano più piccolo del mondo!
Noi parliamo l'un l'altro con dei clic, dei fischi e con un canto speciale.

Io faccio salti e piroette nell'aria. Noi siamo animali giocherelloni!
Guardami, sono a strisce, e guarda come salto fuori dall'acqua! Milù è nell'oceano più profondo del mondo.
La maggior parte dei delfini e focene vivono nel mare, ma alcuni vivono nei fiumi. Troverai Milù nell'oceano più caldo del mondo.
Non siamo amichevoli, ma predatori voraci! Noi delfini viviamo in gruppo e inseguiamo i pesci.
Sapevi che i delfini e le focene sono... piccole balene? Sì, sono cetacei. Vuoi trovare Milù? Vai ad ovest!

L'Oceano Indiano è l'oceano più caldo del mondo.
Il corallo cresce qui, e anche l'erba di mare, che è il mio cibo preferito. Io sono una tartaruga verde.
Sono un mollusco enorme, la **tridacna gigante!** Vivo nelle acque delle barriere coralline, e misuro più di un metro di larghezza!
Sono un mollusco carino, ma posso pungerti con il mio aculeo che contiene un veleno mortale, quindi non mi infastidire! Sono un **conus.**

Sono un **dugongo.** Come Milù, sono un mammifero. Ciò significa che respiro aria e non ho le branchie. Do alla luce il mio cucciolo e lo nutro con il latte.
Trova in questo libro altri mammiferi che vivono negli oceani!
Hai cercato Milù per gli oceani e i mari
nei caldi tropici, nei geli polari...
È certo stata una difficile impresa
ma ora ti aspetta... una bella sorpresa!

Ciao Otto, che bello vederti! Ho una sorpresa per te!
Milù, finalmente ti ho trovata! Ti ho cercata in tutto il mondo ed eccoti qua...

Ogni anno le **megattere** nuotano verso l'Oceano Indiano per fare i loro cuccioli nelle acque calde dei mari tropicali.
Le mamme megattere proteggono i loro "piccoli" dagli squali affamati e dagli altri predatori.
Ciao! Presto sarò grande e tanto forte da poter nuotare fino all'Artide con mamma!
...con un bel cucciolo!

Adesso che l'avventura è finita...
...osserva gli animali sotto e spunta la casella di quelli che hai trovato nel libro!
Pesce spada
Skua artico
Pesce ananas
Pesce chirurgo
Medusa
Seppia
Tartaruga caretta
Pinguino Papua
Lutiano rosso
Anemone magnifica
Pesce farfalla
Pesce angelo
Ostrica
Medusa criniera di leone
Albatro
Tonno
Stella marina
Nudibranco
Pinguino di Adelia
Sogliola
Verme tubo gigante
Gabbiano reale nordico
Pesce accetta
Anolide della Carolina
Lompo
Stella serpentina
Coronata
Gamberetto
Manta
Pesce lupo
Scorfano
Granchio
Nautilo
Gobi
Ibis bianco
Pesce volante
Conchiglia
Beccaccia di mare
Murice
Salmerino alpino
Pinguino sottogola
Serpente di mare boccagialla
Anguilla pellicano
Squalo balena
Squalo lanterna nano
Aragosta
Calamaro gigante
Sterna crestata

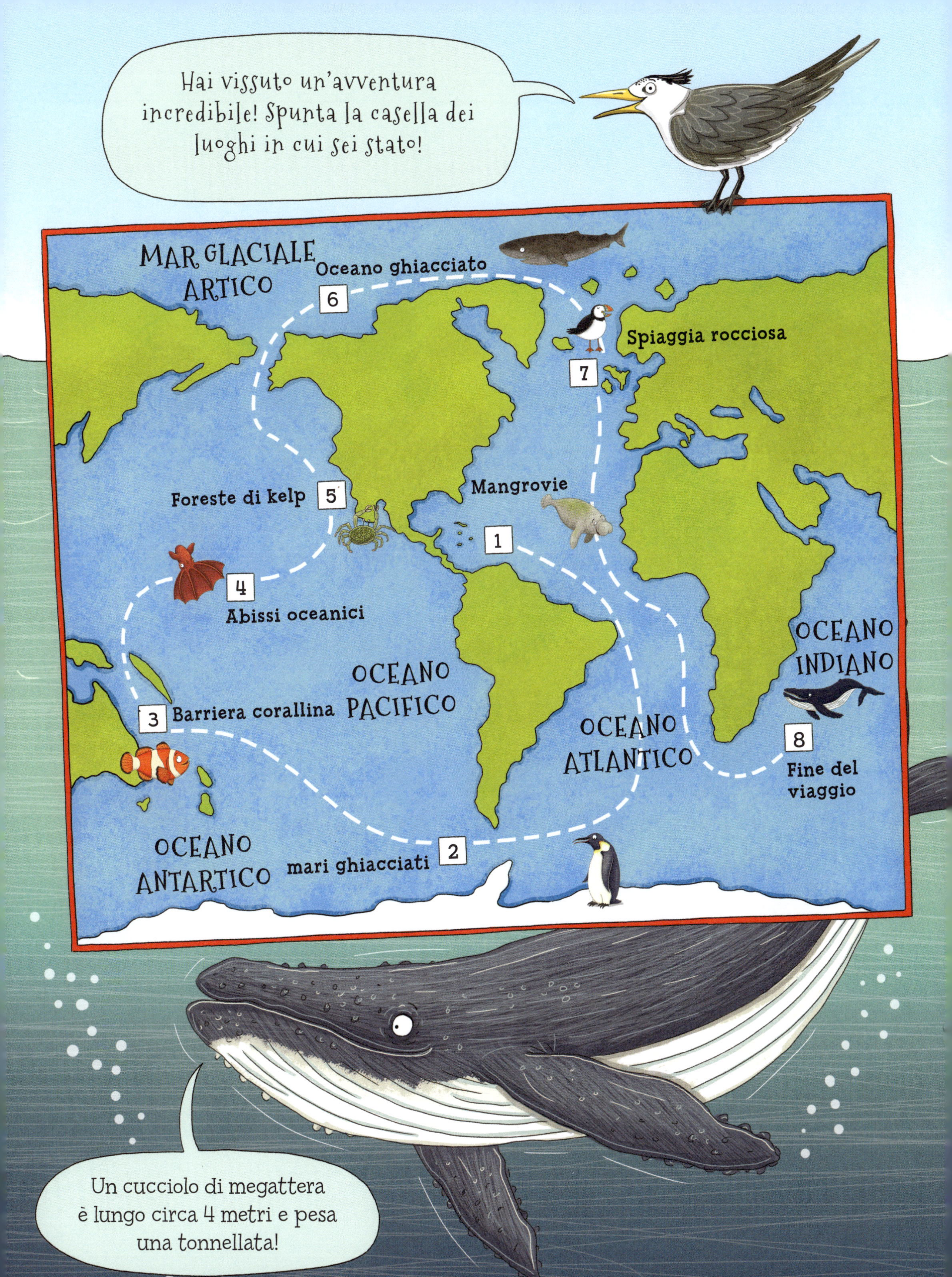

Hai vissuto un'avventura incredibile! Spunta la casella dei luoghi in cui sei stato!
MAR GLACIALE ARTICO
Oceano ghiacciato
6
Spiaggia rocciosa
7
Foreste di kelp
5
Mangrovie
1
4
Abissi oceanici
OCEANO INDIANO
OCEANO PACIFICO
3
Barriera corallina
OCEANO ATLANTICO
8
Fine del viaggio
OCEANO ANTARTICO
mari ghiacciati
2
Un cucciolo di megattera è lungo circa 4 metri e pesa una tonnellata!

Ciao Zampa! Abbiamo un regalo di compleanno per il nostro caro cugino Ping, ma non riusciamo a trovarlo...
Puoi aiutarci?
Dov'è finito PING il panda?

Ciao Ursa! Ping vive con noi qui nell'Artide?
Oh, no! Qui fa troppo freddo per Ping. Solo gli **orsi polari** come me vivono qui nell'Artide. E Ping non è un orso polare.
Abbiamo pellicce spesse e adoriamo rotolarci nella neve!
A Zampa serve un aiuto, davvero dove sia Ping per ora è un mistero: dovete trovarlo, non certo fra un anno per dargli il regalo del suo compleanno!

Ciao! Sono una **volpe artica**. Vivo qui a un passo dall'Artide, in **Groenlandia**, con i miei amici.
La primavera è arrivata e la neve inizia a sciogliersi. Il mio mantello bianco sta cominciando a tornare marrone, quindi potrò nascondermi tra le piante e le rocce quando vado a caccia!
Ho un regalo di compleanno per un orso di nome Ping. È qui?
Sono una **civetta delle nevi**. No, Ping non è qui. Mi aiuteresti piuttosto a trovare qualche lemming? Io li adoro... e ho una gran fame!
Zitto Zampa! Non dire alla civetta che siamo qui perché... siamo proprio dei **lemming**!

Sono un **narvalo** e ho un lungo corno appuntito sul muso. Qui intorno ci sono animali con grandi corna, sapresti trovarli? Si chiamano renne e usano le loro corna per combattere.
Sono un **bue muschiato** e il mio mantello peloso mi tiene caldo. Ogni pelo può raggiungere i 60 centimetri di lunghezza! In primavera spuntano freschi germogli d'erba, fiori e muschio prelibati... Che bontà!
Zampa deve lasciare la sua casa in Artide se vuole trovare Ping. Ed è tempo che anche noi partiamo, cucciolo mio. **Le foche della sella** come noi preferiscono stare alla larga dagli orsi polari!
Vieni con noi! Siamo le **pernici bianche** e sappiamo dove vivono gli orsi... non polari!
Ping non è un orso polare,
non vuol certo viver qui,
Forse a ovest, ai grandi fiumi
sarà andato per pescare!

Benvenuto in Alaska! Qui gli orsi che vivono nelle foreste di conifere pescano i salmoni che nuotano risalendo i fiumi. Guardali come saltano!
Noi siamo i **castori**. Rosicchiamo gli alberi per abbatterli e li usiamo per costruire le dighe e rallentare il fiume. Le nostre tane sono fatte di fango e rami.
Ciao orso, ti chiami Ping?

Enormi e fortissimi, i grizzly adorano banchettare con il pesce. Io sto qui perché le **linci** come me adorano fare merenda... con gli avanzi! Pensi che io faccia parte della famiglia dei cani o dei gatti?
Sono un **istrice**, sono spinoso, ricoperto di aculei. Li uso per difendermi dai... grandi orsi neri! Eccone uno... Seguilo, Zampa!
Se orso Ping non è qui al fiume a pescare un pesce o tre, forse ama la foresta... e arrampicarsi come me!
Noi **salmoni** risaliamo il fiume dove siamo nati per deporre le uova. Una volta nati, i nostri figli nuoteranno nel fiume verso l'oceano, e vivranno lì finché anche loro non saranno grandi per risalire questo fiume... e deporvi le uova!
Aiuto!
ROARRR! Va via! Io non sono Ping, sono un **orso grizzly** e ora sono molto occupato!
Siamo in migliaia a fare questo viaggio. Si chiama migrazione. Quanti salmoni riesci a contare?

Ciao Zampa! Ci sono orsi qui in California, nelle grandi **foreste di sequoie**, ma non ho mai incontrato un orso chiamato Ping.
Se saprai riconoscere questi tre animali risolvendo gli indovinelli, la civetta ti aiuterà nella tua ricerca. Sono uno **scoiattolo dalle guance gialle**. Salgo sugli alberi per cercare insetti, semi, foglie, noci e fiori da mangiare. Vivo in una comoda tana ai piedi di questo albero.
Ma... Se non sei Ping, allora chi sei?
Un **orso nero**, o **baribal**. Sto strappando la corteccia dell'albero perché sotto si trovano insetti prelibati!
Sono a strisce per avvertire che posso pungere, mi piacciono i dolci e faccio bzz... bzzz! **Indovina chi sono!**

Una sequoia può vivere fino a 2000 anni!
So tesser la tela ma non ricamo, sono peloso ho 8 occhi e 8 zampe... **e indovina chi sono!**
Le sequoie sono gli alberi più alti del mondo: possono crescere più alte di un grattacielo di 30 piani!
Adoro i fiori e svolazzo qua e là e ho ali leggere di tanti colori ... **Indovina chi sono!**
La corteccia delle sequoie è spessa fino a 30 centimetri! Ai coleotteri piace scavare le loro tane nel morbido legno... marcio!
Ecco ora sali, sempre più su
tocca le nubi sulle alte montagne
che strani animali vivranno lassù
dove fa freddo e ci sono le nebbie?

Benvenuto nella **foresta nebulosa** sulla catena delle Ande, in Perù.
Sono un **giaguaro**. Noi viviamo in alta montagna, dove le punte degli alberi toccano le nuvole. Il clima qui è umido, piovoso e nebbioso.
E tu? Sei Ping?
Sono un **serpente mangia-rane**. Scivolo strisciando silenziosamente tra gli alberi, "assaggiando" l'aria con la mia lunga lingua biforcuta. La mia pelle è coperta di scaglie che mi aiutano ad avanzare sui rami.

No, mi chiamo Andy e sono un **orso dagli occhiali**. Sto cercando formiche per farmi un bel pranzetto. Ping è forse un orso che mangia foglie? Non mangia formiche come me?
Sono un **tapiro**. Il mio cucciolo ha macchie e strisce per confondersi tra la vegetazione della foresta e sfuggire ai predatori: si mimetizza.
Zzz... Zzzzz... Ehi! Cos'è tutto questo trambusto? Mi avete svegliato! Sono un **pacarana** e sono un animale notturno. Significa che preferisco dormire durante il giorno e mangiare di notte! Zzz... Zzzzz...
Valica i monti, supera i mari
verso una terra di strani animali.
Non è la Cina e nemmeno l'Italia,
ma un'isola che chiamano Australia!

Hai fatto molta strada e ora sei in **Australia**. Questo albero si chiama eucalipto, ed è un sempreverde, vuol dire che ha foglie tutto l'anno!
Ho incontrato tanti orsi e ho notato queste cose: hanno zampe con forti artigli e un folto pelo, le gambe corte e orecchie piccole e tonde... proprio come te! Sì, tu sei Ping!
No, non sono Ping, e nemmeno un orso! Qui in Australia non ci sono orsi. Io sono un **koala**. La mia mamma mi nutre con il latte, come fanno anche gli orsi, che sono mammiferi come noi. Apparteniamo a un gruppo di animali chiamati marsupiali!
Ciao Zampa! Sono un **coda ad anello comune**, e sono anch'io un marsupiale. I nostri cuccioli stanno nel marsupio, una tasca sulla pancia della mamma. Hai visto la mia lunga coda? La uso per appendermi ai rami, così non cado dagli alberi!

Perché due serpenti non riescono a parlarsi? Perché si fanno Ssssss!!! Ah ah ah! Sono un **kookaburra sghignazzante**!
I koala sono animali dormiglioni. Quando non mangiamo le foglie di eucalipto trascorriamo fino a 20 ore al giorno a dormire! Ti piace dormire? Tu quante ore dormi?
Sssss... Ssss! Ciao a tutti! Sono un **pitone tappeto** e Posso crescere fino a 2 metri! Sssssss!
Noi marsupiali siamo animali con il corpo ricoperto di pelo, e la maggior parte di noi vive in Australia o sulle isole vicine. Secondo te gli uccelli sono marsupiali? E i serpenti?
Sono una **volpe volante testa grigia** e ho orecchie supersensibili. Sento dei rumori qui vicino... Zampa, che ne dici di dare un'occhiata?

Oh, no! Questi poveri cuccioli di **marsupiali** non trovano più la loro mamma!
Riesci a trovare una mamma per ogni cucciolo nella pagina a destra?
Io non sono un marsupiale, ma un cucciolo d'orso e non vivo qui! Puoi aiutare anche me a trovare la mia mamma?

Io sono un carnivoro e faccio urli tremendi quando ho paura! Sono un **diavolo della Tasmania**.
Sono un **canguro**. Il mio cucciolo quando è nato non era più grande di un fagiolo!
Di giorno di solito sto nella mia tana. Di notte sgranocchio con i miei denti affilati radici e dure cortecce di albero. Sono un **vombato**.
Oh, che guaio, son smarriti cucciolini e cuccioline. Segui quelle impronte e scopri... dove andavan le zampine!

Sono un **orso della Luna** Grazie per aver aiutato il mio cucciolo a trovarmi. Come possiamo ricambiare?
Ho un regalo di compleanno per un orso di nome Ping...
C'è un'altra specie d'orso qui in India, l'**orso labiato**. Lo vedi laggiù? Ma non si chiama Ping, ne sono sicuro!
Quella tigre feroce e ingorda pensa che non l'abbia vista... Si sbaglia, sono pronto a scappare! Sono un **cervo porcino** e sono una specie rara!
Shhh! Zitto! Non dire a nessuno che mi hai vista. Sono una **tigre** affamata e vado a caccia mimetizzandomi nell'erba alta!

Ti piacciono i colori delle mie piume? I piccioni vivono in tutto il mondo, ma ne hai mai visto uno bello come me? Sono il **piccione verde collo rosa**!
Sono un **pavone** e le piume della mia coda hanno bellissimi occhi colorati! Sono i cento occhi di Argo, dice il mito greco. Se avessi 10 piume sulla coda, ognuna con tre occhi, quanti occhi avrei in tutto?
Ehi, Zampa, queste formiche hanno un indizio per te. Vieni a dare un'occhiata?
Guarda che artigli ho! Li uso per strappare la corteccia e trovare i nidi delle formiche: me ne mangio migliaia alla volta! Sono un **orso labiato**, e porto il mio cucciolo sul dorso.
Volta la pagina, Zampa!

Il sottobosco brulica di vita. Guarda quanti cuccioli, ne ho migliaia!
Siamo **formiche legionarie** e io sono la regina della colonia. Le formiche legionarie vivono nelle foreste da circa 100 milioni di anni!
Somma i **numeri pari** sulle uova e scoprirai il percorso giusto!
Queste sono le uova della regina, dentro ci sono le larve!
8
2
7
9
6
5
1

Noi marciamo attraverso la foresta alla ricerca di cibo. A volte ci fermiamo per riposare e costruire un nido, poi riprendiamo la marcia.
5
4
Siamo forti. Possiamo trasportare pesi fino a 20 volte il nostro peso corporeo!
Abbiamo speciali antenne sulle nostre teste. Le usiamo per sentire gli odori e per trovare cibo.
1
3
2
Totale: 30 Vai a Nord
N
NO
E
6
Totale: 28 Vai a Nord-Ovest
SE
Attacchiamo e mangiamo altri insetti, mordiamo o pungiamo.
O
Totale: 26 Vai a Ovest
S
SO

Ciao Zampa, e benvenuto nel selvaggio **bosco europeo**, dove vive il grande orso bruno.
Ti stavamo aspettando! I miei cari cugini in Alaska mi hanno detto che stavi cercando un orso di nome Ping. Agli orsi bruni che vivono qui piace mangiare frutti di bosco, noi **lupi** preferiamo mangiare... conigli e lepri!
Ci piace dormire nelle tane, proprio come fa l'orso bruno. Scaviamo buchi nel terreno o sotto gli alberi dove stiamo al sicuro e al caldo in inverno.
Presto arriverà l'inverno, le foglie cadranno dagli alberi e gli **orsi bruni** come me andranno in letargo, un sonno lungo, fino a primavera.
Io sono un cinghiale. Quante parole sai trovare utilizzando le consonanti e le vocali della parola L E T A R G O?

Boh... Penso di essere di nuovo nel posto sbagliato. Scusate, devo proprio andare!
È il tramonto, un buon momento per trovare orsi. Sono una **lince**, e caccio in questi boschi, ma non ho mai incontrato un orso chiamato Ping.
Hai visto degli orsi cui piace pescare
E anche altri orsi che aman scavare.
Nella foresta più a est troverai
Un piccolo orso che non hai visto mai!

Questa è la foresta tropicale del **Borneo**, la terza isola più grande del mondo.
E qui vivono animali strani e rari, comprese le scimmie come me: guarda che nasone, sono una **nasica**!
Già, complimenti! Hai davvero un gran nasone! Io sono un **bucero** e ho un becco gigantesco!
Sono un **orso malese**, e mi chiamano anche orso del Sole per la macchia giallo arancio che ho sul petto. La mia lingua lunga 20 centimetri è perfetta per cavare il miele dagli alveari delle api.
Sono un **falso gaviale**, una specie di coccodrillo. Cresco di più di 3 metri!

Ciao Zampa, sono un **orango**. Se riesci a credere che l'orso del Sole ha una lingua lunga il doppio dei suoi artigli puoi seguirmi alla prossima pagina. Lì c'è un altro indizio.
Gli artigli affilati di un orso malese sono lunghi 10 centimetri, quindi può aprire facilmente i nidi delle api! Sono uno **scoiattolo volante**, ma in realtà non volo: uso i lembi di pelle tra i polsi e le caviglie per planare.
Sono un **elefante pigmeo** e per mangiare uso la lunga proboscide. Mi serve anche per bere e per spruzzarmi l'acqua quando ho caldo o devo lavarmi!
Ehi, qualcuno visto un orso di nome Ping?

Sto insegnando al mio cucciolo tante cose sulla **foresta** tropicale.
Noi **oranghi**, infatti, siamo scimmie molto intelligenti. Amiamo imparare cose nuove, e insegnarle ai nostri cuccioli!
Lo sapevi che gli **orsi malesi** come me sono i più piccoli tra gli orsi? Siamo la metà delle dimensioni dell'orso nero! Ciò significa che sicuramente Ping è un orso più grande di me.

FORESTE DI CONIFERE:
GLI ALBERI HANNO FOGLIE AGHIFORMI E GLI ORSI CHE VIVONO QUI VANNO IL LETARGO D'INVERNO.
BOSCO DI LATIFOGLIE:
PIÙ FRESCO E PIÙ ASCIUTTO DELLE FORESTE PLUVIALI TROPICALI, CI VIVONO L'ORSO BRUNO E L'ORSO NERO.
FORESTE DI BAMBÙ IN CINA:
CALDE D'ESTATE, FREDDE D'INVERNO. PING VIVE QUI!
FORESTE TROPICALI DEL BORNEO:
FA MOLTO CALDO E PIOVE MOLTO. QUI VIVE L'ORSO MALESE.
Zampa ha incontrato orsi polari, orsi neri, orsi bruni, grizzly, orsi malesi, orsi dagli occhiali, orsi labiati e orsi della Luna. Credo ci sia un solo orso che non ha ancora incontrato. Indovina: che orso è Ping?
Questi cuccioli sono molto vivaci, ma sono concentrati sulla lezione! E io penso di aver trovato un utile indizio. Ora so dove trovare Ping!

Questa è la foresta di bambù in Cina e tu... sei Ping il panda!
I panda si arrampicano e mangiano i germogli di bambù.
Sono arrivato appena in tempo per la tua festa: Buon Compleanno, Ping!
I cuccioli di panda appena nati sono piccoli piccoli. Sono un muntjac della Cina. Il mio cucciolo ha un mantello a macchie per nascondersi meglio nella foresta.
Apparteniamo alla famiglia degli orsi! Grazie per aver fatto tanta strada per trovarmi, Zampa.

Il bambù è una delle piante a crescita rapida più veloci al mondo: può crescere fino a 10 centimetri al giorno!
È arrivata una lettera per te, Zampa. È di Ursa!
E grazie per il regalo. Adoro gli orsacchiotti di peluche!
Caro Zampa,
Grazie per aver portato il regalo a Ping attraversando tanti paesi del mondo. Credo che nel tuo viaggio tu abbia incontrato tanti miei cugini: quante specie di orso hai incontrato?
Torna presto a casa, qui al fresco si sta bene!
Ci manchi!
tvb, Ursa

Adesso che l'avventura è finita...

...osserva gli animali sotto e spunta la casella di quelli che hai trovato nel libro!

Hai vissuto un'avventura incredibile! Spunta la casella dei luoghi in cui sei stato!
Fiume Rushing
2
AMERICA DEL NORD
1
Terre ghiacciate
EUROPA
Asia
Foresta di bambù
9
3
Foresta di sequoie
Bosco europeo
7
Foresta pluviale
8
AFRICA
6
Foresta tropicale
OCEANIA
5
Foresta di eucalipti
Foresta nebulosa
4
AMERICA DEL SUD
Purtroppo sono rimasti soltanto 1800 panda giganti che vivono liberi in natura, e sono gli orsi più rari del mondo. Sono una salamandra gigante, e anch'io sono un animale molto raro.

Ciao!
**Sono Manuel.** Qui ci sono tanti animali da vedere, ma sto cercando dinosauri, anzi il **Tyrannosaurus rex,** detto **T-Rex,** che è il re dei dinosauri!
Dov'è finito il T-REX?

Cos'è un *T-Rex?*
Ciao, sono Ava e anch'io adoro i dinosauri. Vengo con te!
È un **grande dinosauro**. Sai dire per cosa sta la **T**?
a. **T**axi rex
b. **T**yrannosaurus rex
c. **T**ip tap rex
Stai cercando un dinosauro, o meglio, Re tirannosauro? Un paleontologo ti può aiutare lui di sicuro sa dove cercare!

Manuel, guarda! Qualcuno scava i fossili su quella parete rocciosa! Forse ci aiuterà a trovare il ***T-Rex.***
I fossili sono resti di animali vissuti tanto tempo fa. Si sono trasformati in roccia in milioni di anni.
Buona idea, Ava! Il *T-Rex* era enorme, il cranio misurava 150 centimetri, quindi dovremmo cercare dei fossili grandi!
Le parti più dure di un animale morto (ossa, artigli e denti) sono quelle che più probabilmente diventeranno dei fossili.

Attento a cosa scavi! Qui è sepolto un vecchio orologio. Crediamo che possa essere magico!
Ciao, sono una paleontologa! Molti animali vissuti tanto tempo fa sono estinti, cioè non esistono più. Ma possiamo scoprire qualcosa su di loro studiandone i fossili.
Artiglio
Corno
Coprolite
Primo mammifero
Scudo
Piuma
Dente
Se gli indizi scoprirai
per trovare il Re tiranno
scuoti il magico orologio
e nel tempo viaggerai!

Ciao! Chi sei? Io sono un dinosauro. Mi chiamo **Coelophysis.**
Siamo dei cacciatori molto veloci e viviamo nel **periodo Triassico.**
Ciao, che bello conoscere un vero dinosauro! Il Triassico risale a circa 220 milioni di anni prima che nascessi. Il *T-Rex* era un carnivoro, cioè mangiava carne, ma qui non lo vedo.
Manuel ha scosso uno strano orologio che abbiamo trovato tra i fossili. Ci ha trasportati indietro nel tempo! Scusa, è tuo questo fossile?
Sì, è il mio **scudo**, una delle squame ossee che mi proteggono come un'armatura. Mi chiamano ***Typothorax***. Sembro un dinosauro, ma in realtà sono un lontano parente dei coccodrilli.

Mangiamo le piante perché siamo erbivori. Gli animali che mangiano gli altri animali si chiamano **succhiaossa** o **carnivori**?
È troppo presto per il *T-Rex*! Usa l'orologio per viaggiare avanti nel tempo. Ma prima, riordina queste lettere per scoprire il nome di quelle montagne infuocate.
CUNLAVI

Manuel e Ava hanno viaggiato avanti nel tempo, fino al periodo Giurassico. Sono un **Barapasaurus**, un sauropode.
I sauropodi sono erbivori, cioè mangiano piante, con collo e coda lunghi. Qui c'è molto cibo e così diventiamo enormi.
So che il *T-Rex* aveva circa 58 denti, ognuno grande come una banana! Questo fossile di dente è di un *T-Rex*?
No, è un mio **dente**! Grandi denti affilati sono perfetti per i cacciatori come noi, ma a volte cadono.
Mm, siete entrambi grandi e spaventosi. Tu hai le zampe anteriori corte come il *T-Rex*. Ma le teste sono diverse.

Noi sauropodi abbiamo il collo lungo per poter arrivare alle foglie sugli alberi. Conosci un altro animale moderno che fa così?
Mi chiamo **Dilophosaurus** . Trova tre differenze tra me e il mio amico che ha perso un dente.
È un posto davvero troppo affollato, Manuel, sei pronto? Il momento è arrivato: io adoro volare, e se piace anche a te troveremo il T-Rex, tutti con me!
Sono un ***Megalosaurus.*** I fossili delle mie ossa sono stati i primi resti di dinosauro a essere scoperti e identificati. I miei artigli sono perfetti per cacciare le prede. Caccio i sauropodi!

Mi chiamo **Dimorphodon**. Da punta a punta, le mie ali misurano 150 centimetri!
Noi siamo rettili volanti, gli pterosauri. Lui non sa volare, ma un animale qui assomiglia più a un uccello degli altri! Trovalo e segui l'indizio.
Qui ci sono molti tipi di pterosauri, ma nel **periodo Giurassico** sono apparsi anche i primi uccelli.
Forse questa piuma fossile ci aiuterà a capire chi può aiutarci?

Sono un **Darwinopterus.** Catturo gli altri animali volanti con le mie fauci lunghe e piene di denti. Chiedi aiuto al *Diplodocus.*
La coda lunga mi aiuta a cambiare direzione e sono così bravo a volare, che piombo giù e afferro i pesci nell'acqua. Mi chiamo **Rhamphorhinchus** L'*Allosaurus* può aiutarti a trovare il *T-Rex.*
Ho lunghe ali coriacee e, a differenza degli altri pterosauri, ho il becco dritto. Sono uno **pterodattilo** e credo che dovresti trovare lo *Stegosaurus.*
Sono un **Archaeopteryx.** Sono piccolo, coperto di piume e sono quello più imparentato con il *T-Rex*! Chiedi al *Brachiosaurus* di aiutarti.

Ciao, credo di sapere chi sei tu, il **Brachiosaurus**! Siamo nel tempo e posto giusti per trovare il ***T-Rex***?
No, siete troppo indietro nel tempo. Il dinosauro più veloce tra noi ha l'indizio corretto su dove devi andare dopo per la tua ricerca.
Due zampe sono più veloci di quattro! Sono un ***Allosaurus*** e corro due volte più veloce di uno *stegosauro*, soprattutto se HO FAME! Vai avanti di 25 milioni di anni.
Aiuto! Sono uno ***Stegosaurus*** e corro tre volte più veloce di un *Diplodocus*. Dovresti andare avanti di 100 milioni di anni.

Sono un **Diplodoc**... puff puff... e corro a 5 chilometri all'ora. Se sono il più veloce, vai avanti di 50 milioni di anni.
Andiamo, Manuel! Di quanti anni in avanti devo impostare l'orologio magico?
Sono un **Gargoyleosaurus** e potrei correre veloce la metà di un *Brachiosaurus*.
Ma non dobbiamo scappare dallo spaventoso *Allosaurus*... chi sa dirmi perché?
Rilasciamo un gas puzzolente che lo spaventa?
Perché abbiamo troppo sonno?
Forse perché la nostra armatura ossea ci proteggerà?

Benvenuto nel periodo Cretaceo! Sono un **Confuciusornis**.
Nel periodo Triassico c'era un unico continente enorme detto Pangea. Adesso si è diviso in tante terre separate dagli oceani.
Questo fossile ti assomiglia. Puoi aiutarci a trovare il *T-Rex*?
Sono un piccolo mammifero peloso chiamato **Eomaia**. Non conosco il *T-Rex*, ma il *Confuciusornis* ha visto tanti dinosauri spaventosi dall'altra parte dell'oceano.
Nel periodo Cretaceo molti dinosauri hanno delle piume filamentose come me, sono un ***Sinosauropteryx***.

Ecco cos'ho imparato sul *T-Rex* finora...
• IL T-REX ERA ERBIVORO AMAVA CIBARSI DI FOGLIE
• LA TESTA DEL T-REX ERA LUNGA 150 CENTIMETRI
• IL T-REX AVEVA ZAMPE ANTERIORI CORTE
• IL T-REX AVEVA 58 ENORMI DENTI
Oh cielo, solo tre dei fatti imparati da Ava sono giusti. Qual è quello sbagliato?
Adesso i fiori crescono in tutto il mondo. Sottrai il numero di quelli viola dal numero di quelli bianchi.
Se cerchi per terre e per cieli... no no nemmeno un T-rex potrai mai trovare! Lui non sa volare, io questo lo so: o forse il T-rex... preferisce nuotare?
Le nostre piume filamentose sono fatte per volare: ci tengono al caldo e ci rendono anche colorati! Sono un ***Utahraptor***. I grandi artigli sulle seconde dita sono lunghi 20 centimetri.

Ava, guarda quella tartaruga! Assomiglia a quelle che vivono nei nostri oceani, ma è enorme.
E laggiù vedo dei plesiosauri e degli ittiosauri. Non sono dinosauri: sono feroci rettili acquatici, estinti ai nostri giorni.
Ciao, sono un **Archelon**. Sono lungo 4 metri. Sotto di me puoi vedere un *Elasmosaurus*: è un plesiosauro e caccia i pesci, non le tartarughe come me.
Sapevi che ho 72 ossa del collo? In tutto misuro 14 metri e il corpo e la coda insieme misurano 8 metri. Quanto è lungo il mio collo?

Questo fa paura, Manuel! C'è un indizio laggiù e ho preparato l'orologio e il prossimo fossile. Sembra, mm... cacca?
Sono un tipo di plesiosauro velocissimo, detto *Pliosaurus*. Puoi chiamarmi **Cronosaurus**. Mangio i grandi animali con le mie enormi fauci piene di denti.
Come i serpenti terrestri, posso ingoiare le prede in un solo boccone. Mi chiamo **Tylosaurus** e mangio tutto! Le mie zampe tipo remi si chiamano natatoie, ali o pinne?
Sono un **Platypterygius**. Sembro un delfino, ma appartengo a un gruppo di rettili chiamato ittiosauri. I miei denti aguzzi sono perfetti per mordere le ammoniti.
Nessun dinosauro può vivere in mare, forse perché... non sanno nuotare! Credo ti serva una cosa, una sola: volta la pagina e poi... fila a scuola!

Sono una **Maiasaura** e insegno ai miei piccoli alcuni tipi differenti di dinosauri che dovrebbero conoscere.
"Ragazzi, abbinate i disegni dei dinosauri alle descrizioni sulla lavagna!"
Ci aiuti a fare il compito che ci ha dato mamma?

TESTE DURE
SPESSI CRANI OSSEI
CON IL BECCO DA ANATRA
BOCCHE SIMILI A UN BECCO E CRESTE. STARNAZZANO E BARRISCONO
DINOSAURI CON L'ARMATURA
PLACCHE OSSEE SULLA PELLE
Prima siamo tornati indietro di 220 milioni di anni. Da allora abbiamo viaggiato in avanti di 140 milioni di anni. Quanti anni prima di noi ha vissuto *Maiasaura*? 220 – 140 = ?
Nessuna di queste descrizioni combacia con il *T-Rex*. Ava, cosa sono questi strani rumori?
Crash!
Qua!
La cacca fossile si chiama **coprolite**. È utile per scoprire cosa mangiavano gli animali estinti!
Gira pagina e aiuta Manuel e Ava a scoprire chi, o cosa, fa questi strani rumori.

Ho la testa piena d'aria e, quando la butto fuori dalla cresta, fa tanto rumore. Starnazzo, barrisco e grido.
Qua!
Sono un **parasaurolofo**. Che tipo di dinosauro pensi che io sia?
Sono un ***anchilosauro*** e ho una mazza ossea in fondo alla coda ottima per colpire i carnivori che vogliono mangiarmi! Ho il dorso ricoperto di placche e spine ossee. Che tipo di dinosauro sono?

Credo che tu sia uno *Stygimoloch*: questo corno fossile combacia con quelli che hai sulla testa. Puoi dirci come trovare il *T-Rex*, per favore?
Vi state avvicinando: dovete viaggiare in avanti nel tempo di altri 14 milioni di anni. Adesso non scocciatemi: devo occuparmi di questo testa dura!
Chi hai chiamato "testa dura"? Lo sei anche tu!
Mamma *Maiasaura* ci ha mostrato le risposte alle domande su *Parasaurolophus*, *Ankylosaurus* e *Pachycephalosaurus*!

Ho le zampe anteriori corte, come il *T-Rex*, ma lui non ha corni. Sono un ***Carnotaurus***.
Questi dinosauri assomigliano al T-Rex, vero? Quel **Tarbosaurus** è grande come lui: la sua testa è grande come un uomo.
Noi ***Troodon*** siamo veloci, intelligenti e forti, come il T-Rex, ma siamo molto, molto più piccoli.

Non ho paura del *T-Rex*. Sono un **Triceratops**. I corni e l'enorme collare mi proteggono dai suoi brutti morsi.
Manuel, questo è l'ultimo indizio fossile. Credi che sia di un *T-Rex?* Seguiamo le orme e scopriamolo...
Come tutti i *Triceratops*, ho 3 corni sulla testa. Il salto triplo ha 3 salti, i triangoli hanno 3 angoli e una bandiera tricolore ha 3 colori. Quindi, cosa significa "tri"?
Ti resta un indizio da considerare finisce il tuo viaggio; nient'altro da fare che voltar pagina, e per quel che vedrai preparati a correr più veloce che mai!

Ciao! Mi chiamo **T-Rex**, sono dieci volte più grande del carnivoro terrestre più grosso del tuo tempo e ho... MOLTA FAME!
Che bello conoscerti! Abbiamo viaggiato attraverso un'era per trovarti! Muoio dalla voglia di sapere come usi le tue minuscole zampe anteriori!
Lista sul T-Rex
Lungo fino a 13 metri
Alto fino a 4 metri
Peso fino a 7 tonnellate
Grande carnivoro
Zampe anteriori corte
Pelle squamosa
Vissuto 66 milioni di anni fa
Molto, molto spaventoso!
Manuel, cosa stai aspettando? Il morso di un T-Rex è cinque volte più potente di quello del grande squalo bianco! SCAPPAAA!

Manuel! Guarda in cielo! Scuoti l'orologio magico, si torna a casa! Subito!
Il *T-Rex* ha artigli sulle tre dita, un po' come me e il tuo amico laggiù. Sono un ***Enantiornithes***.
Sei stato bravissimo, sei dunque arrivato.
Cercavi un T Rex? Ok, l'hai trovato!
Attento è vorace, è sempre affamato,
se non scappi a razzo... finisci mangiato!

Bentornati, voi due! Metterò i fossili e l'orologio magico nel nostro museo per gli altri visitatori.
Siamo scappati poco prima dell'impatto del meteorite che annientò tutti i dinosauri 66 milioni di anni fa.
Beh... non proprio *tutti*, Manuel. Hai notato come gli animali che abbiamo visto sono cambiati con il tempo?

Pterodattilo
Ah ah, Manuel ha fatto un viaggio nel tempo per trovare un dinosauro, ma uno di loro è stato sempre con lui!
Triceratops
Si chiama **evoluzione** e tutti gli uccelli odierni si sono evoluti dai dinosauri.
Sinosauropteryx

Adesso che l'avventura è finita...
...osserva gli animali sotto e spunta la casella di quelli che hai trovato nel libro!

Placerias
Riojasaurus
Melanorosaurus
Postosuchus
Dicynodontia
Triadobatrachus massinoti
Arcaeolepis mane
Scelidosaurus
Baryonyx
Iguanodon
Microraptor
Hesperornis
Pteranodon
Ammonite
Stygimoloch
Stegoceras
Acantisitta
Quetzalcoatlus
Velociraptor
Ittiornite

Hai vissuto un'avventura incredibile!
Spunta la casella dei luoghi
in cui sei stato!
Sai che cosa vuol dire Ma?
Vuol dire MILIONI DI ANNI.

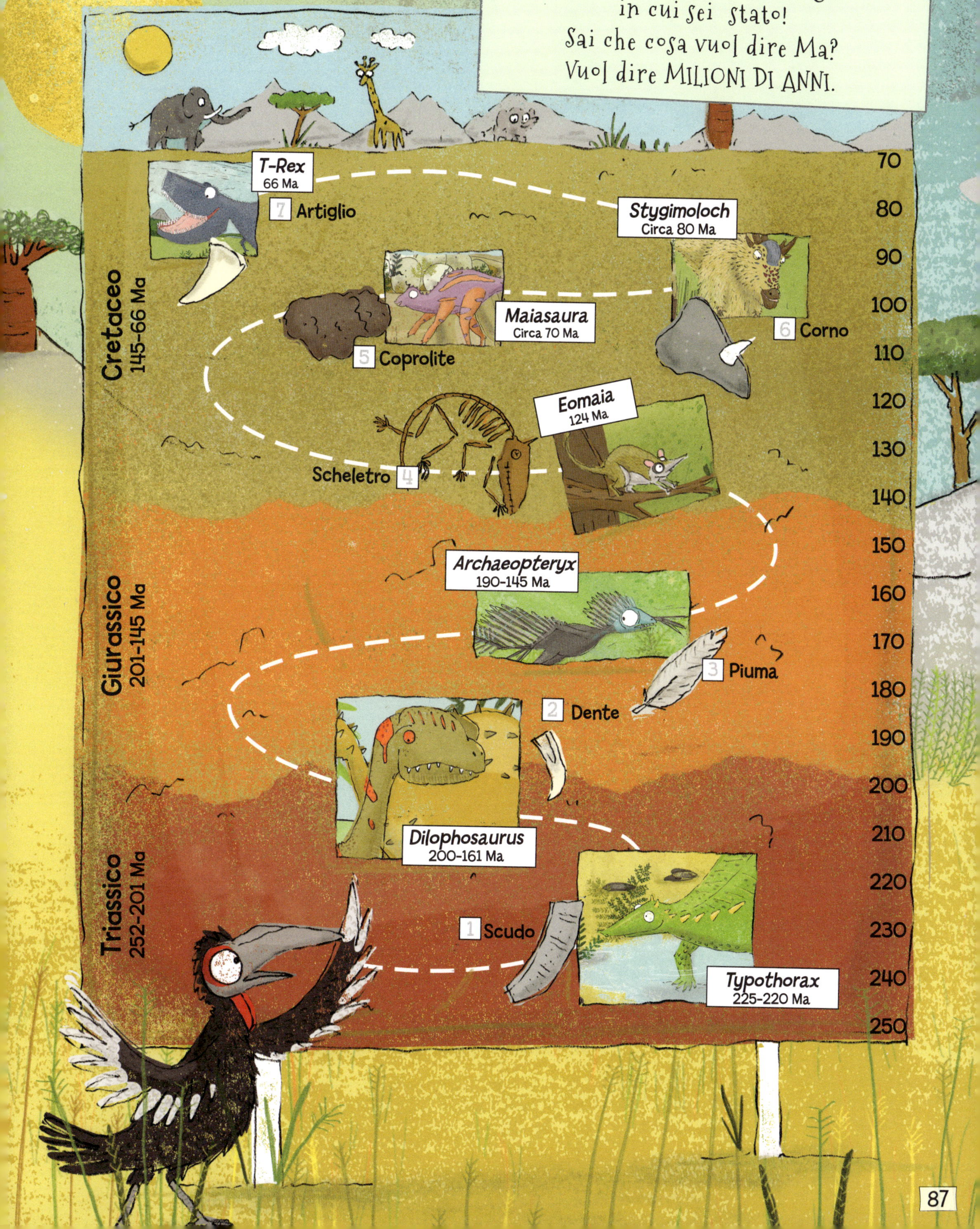

# Dove sono finiti gli insetti?

"Tu sei grande ma io per magia
voglio che piccola tu sia!"
dice una farfalla a Betty
e via nel mondo degli insetti!

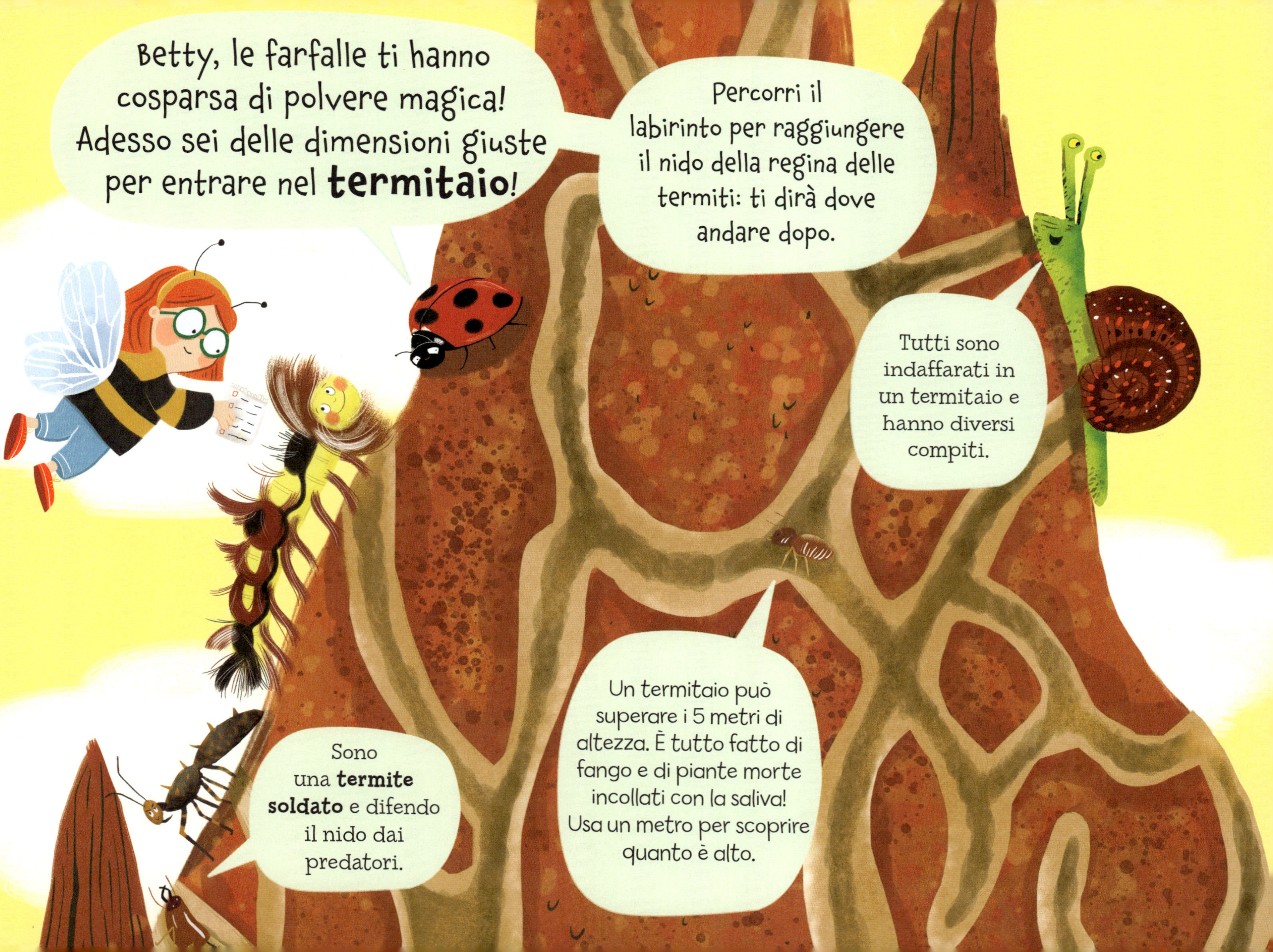
Betty, le farfalle ti hanno cosparsa di polvere magica! Adesso sei delle dimensioni giuste per entrare nel **termitaio**!
Percorri il labirinto per raggiungere il nido della regina delle termiti: ti dirà dove andare dopo.
Tutti sono indaffarati in un termitaio e hanno diversi compiti.
Sono una **termite soldato** e difendo il nido dai predatori.
Un termitaio può superare i 5 metri di altezza. È tutto fatto di fango e di piante morte incollati con la saliva! Usa un metro per scoprire quanto è alto.

Siamo **termiti operaie**. Costruiamo il nido, ci prendiamo cura dei piccoli e cerchiamo il cibo. Coltiviamo anche dei funghi da mangiare!
Alcuni piccoli di insetto sono chiamati larve e altri ninfe. Noi siamo ninfe!
Sono la **regina**. Sto nel nido e depongo tutte le uova. I piccoli sono minuscoli quando nascono. Dopo vai alla **serra** per vedere un piccolo di insetto gigante!

Qui nella **serra** fa caldo e tutti questi insetti sono enormi! Cerchiamo in fretta quelli sulla lista e andiamocene da qui!
L'insetto adulto più lungo sa dove devi andare. Sono una **forbicina gigante** e sono lunga come il dito di un bambino.
Sono un **solifugo** e posso correre fino a 50 centimetri al secondo. Il mio corpo è lungo 7 centimetri. Dopo vai al **Mondo delle ragnatele.**
Sono una larva di **megasoma atteone**, un piccolo di insetto gigante! Peso quanto tre mele.
Sono un **megasoma atteone** adulto, dalla foresta amazzonica. Sono lungo quasi due volte più del solifugo. Vai alla **Disavventura con le cimici dei letti**.

La mia coda arricciata ha un pungiglione con cui uccido gli insetti. Sono uno **scorpione imperatore** e sono lungo 20 centimetri.
Sono un **millepiedi africano gigante** e sono lungo 30 centimetri. Dopo vai allo **Stagno dei sogni**.
Se un millepiedi ha 120 zampe per lato, quante ne ha in tutto? 120 + 120 =
Betty, ho scoperto quale insetto è il più lungo, quindi so dove dobbiamo andare dopo. Filiamo via!
Crescerò fino a 10 centimetri di lunghezza, è molto per un bruco. Forse ci vedremo più tardi, Morpho!

Benvenuta nello **stagno dei sogni**, Betty! Qui vedrai tanti giovani insetti!
Molti piccoli di insetto sono diversi nell'aspetto e nel comportamento rispetto agli adulti.
Ordina le lettere per trovare il nome di ogni piccolo dello stagno. Sono un anfibio, non un insetto e un giorno sarò una rana!
**i r n g i o**
Mi appendo alla superficie per respirare l'aria... dal sedere! Quando crescerò sarò una zanzara.
**a r v l a**
Da piccola talvolta mi chiamano con un altro nome, ma da grande sarò una libellula. Chi sono?
**n f i a n**
Sono un piccolo di spinarello. Presto mi cresceranno le spine sul dorso e caccerò i girini! Come si chiamano i piccoli di pesce?
**t o n n a t o a v a**

Abbiamo dei canali nel sedere per respirare: nuotiamo verso la superficie e li facciamo sbucare fuori dall'acqua.
Sono un **insetto acquatico** papà e porto le uova sul dorso finché non si schiuderanno per proteggerle dai pesci affamati.
Non posso respirare nell'acqua e ho bisogno d'aria, quindi porto le bolle nel mio rifugio subacqueo. Sono un **ragno palombaro**.
Quanti insetti nello stagno com'è bello farsi un bagno! Ma le tappe sono tante: iniziamo dalle piante?

Ciao! **Siamo vespe della carta** e creiamo una pasta simile alla carta fatta di saliva e di legno masticato.
Usiamo questa pasta per fare i nidi e deponiamo un uovo in ogni cella a sei lati.
Sono una larva di vespa, al sicuro nella cella. Una forma con sei lati si chiama sesagono o esagono?
Anche tu puoi realizzare della pasta di carta per fare una maschera da insetto. Ti servono della colla vinilica diluita con un po' d'acqua e tante striscioline di carta straccia. Scendi dall'albero e trova le istruzioni!

Sono un **araneide** e produco seta, che uso per costruire una bellissima ragnatela sugli alberi.
Ho fatto un nido di fango! Mi chiamano **vespa vasaia**.
Mm, gnam... che fame!
Che bello il bosco! Dai, Morpho! Seguiamo quelle formiche. Voglio scoprire come fare una maschera da insetto.

Come faremo ad arrivare alle istruzioni là sotto? Stammi vicino, Morpho, ti proteggerò!
Okay, Betty, ma ci sono degli insetti nascosti tra le foglie. Dovremmo spuntarli dalla lista.
Attenti, stiamo lottando! Le mie ganasce giganti si chiamano mandibole e le uso per combattere gli altri **cervi volanti** maschi.
Le nostre larve si nutrono di legno marcio sottoterra.
Lancio i peli ai nemici, come delle frecce minuscole! Sono una **tarantola**. Che cos'è questa puzza?
Mi chiamano **lombrico rosso californiano** perché sono a strisce! Quando ho paura produco un liquido giallo puzzolente, così mi stai lontano.

Ritaglia i buchi per gli occhi e decora la maschera con le tempere per creare il muso di un insetto.

Gonfia un palloncino e legalo con lo spago.

Appendi il palloncino, così asciugherà.

Immergi le strisce di carta nella colla e ricoprici il palloncino. Fai diversi strati di carta.

Con uno spillo fai scoppiare il palloncino e chiedi a un adulto di ritagliare la carta asciutta a metà per lungo: avrai due maschere.

Che bello, eccoci al **centro attività**! È la giornata dello sport! Giusto in tempo per partecipare al salto in alto.
Salto sui gatti, così posso vivere nel loro comodo pelo e succhiargli il sangue.
Questi insetti sono atleti incredibili! Scopriamo cosa sono, così li spuntiamo dalla lista.
Posso fare sei capriole mentre salto! Sono un **ferretto**. Guarda il tabellone, ho saltato più in alto di tutti?
Vorrei poter saltare così o, ancora meglio, volare.
Gli scarabei sono gli insetti più forzuti. Riesco a sollevare 1000 volte il mio peso. Sono il più forte?

DETENTORI DI RECORD MONDIALI
Salto in alto: pulce del gatto (34 cm)
Sollevamento pesi: scarabeo stercorario
Corsa: cicindela (9 km all'ora)
Puff... puff... guarda il tabellone per scoprire chi potrebbe vincere!
È davvero una corsa se sono l'unico che ha le zampe?
Mi alleno per la gara di ginnastica. Sono un **cebrennus rechenbergi**. Faccio dei salti mortali, così non mi brucio le zampe sulla sabbia bollente del deserto.
A ballar siam brave assai e a noi serve molto, sai? Le api ballan... per parlare e mostrarti dove andare!

Benvenuta nella Casa del miele! Siamo **api operaie** femmine e le strisce indicano che abbiamo il pungiglione, quindi non farci arrabbiare!
5 = I
Io sono un **fuco**. Di solito sto vicino all'ape regina e non ho il pungiglione.
Guarda, Morpho! Nell'alveare tutti hanno le strisce come me!
6 = O
2 = T
Sono l'**ape regina**, la madre di quasi tutte le api che vedi nell'alveare! Se ogni giorno depongo 1000 uova, quante ne depongo alla settimana?
8 = Z
4 = F
7 = R
3 = M
Queste celle sono fatte di cera e contengono il miele.
Badiamo alle uova e alle larve in queste celle. Qui sono al sicuro e le nutriamo con il miele.
1 = A

Gnam, gnam, gnam, che buone le foglie, gnam, gnam, gnam, che buone...
Raccogliamo il polline e il nettare dei fiori da mangiare. Nell'alveare trasformiamo il nettare in miele. Il nettare è un liquido zuccherino o un profumo?
Gli insetti spostano il polline dei fiori. Si chiama impollinazione e aiuta le piante a crescere.
Sono un **bombo** e anch'io succhio il nettare dai fiori, ma non vivo in un alveare.
Usa la legenda nelle celle per decifrare questo codice e aiutare Betty e Morpho a scoprire la prossima tappa:
41226751

Benvenuta nella **Fattoria**! Tutti lavorano sodo per coltivare e trovare il cibo.
Morpho, lo sapevi che le piante fanno fiori, semi e frutti grazie all'impollinazione degli insetti?
Bleah, la frutta! Voglio solo le foglie... tante foglie. Gli animali che mangiano le piante si chiamano erbivori.
Le **formiche** spremono gli afidi e succhiano il liquido zuccheroso che fuoriesce.
Le **coccinelle** come me mangiano gli afidi. Se qualcuno mi attacca, rilascio una sostanza appiccicosa dalle ginocchia.

I giardinieri mettono le piante morte in questo compost. Noi le mastichiamo e le trasformiamo in concime, che fa crescere le piante. Sono una lumaca o una chiocciola?
Catturo le mosche nella ragnatela di seta. Mi chiamano predatore perché catturo e mangio altri animali. Qui chi altro lo è?
Raccogliamo le foglie per il giardino di funghi. Con i funghi che crescono sulle foglie marce nutriamo le larve. Siamo **formiche tagliafoglie** molto indaffarate.
Con lo sterco creo una casa accogliente per le mie uova. Quando le larve nascono lo mangiano. Gnam!
Questo è strano, anzi di più:
Prima ci sono e poi... Cucù!
Certi insetti, non mi credi?
Sono lì... ma non li vedi!

## CITTÀ NASCOSTA
### HAI VISTO QUESTI INSETTI?

- Umbonia crassicornis
- Bruco di farfalla a coda di rondine
- Farfalla ali di vetro
- Ragno granchio
- Mantide religiosa
- Griposia aprilina

Sono verde, così mi mimetizzo con le foglie. Quando un insetto si avvicina lo afferro con le pinze e lo divoro. Sono una **mantide religiosa**.
Motivi e colori che si fondono con l'ambiente sono detti mimetici. Sono un **insetto foglia**, riesci a trovarne altri?
Sono una **farfalla ali di vetro** e le mie ali sono trasparenti. Significa che sono a strisce o che ci vedi attraverso?
Una **mantide orchidea** si chiama così perché si mimetizza per sparire tra i petali di una bellissima orchidea.
Ma non tutti piace sparire,
certi son timidi, altri sbruffoni!
Io te l'ho detto, non ti impaurire...
ma stai lontano dai pungiglioni!

# ZONA PERICOLOSA

Alcuni insetti usano motivi e colori vivaci per avvertire gli animali che potrebbero essere pericolosi.

Le strisce gialle indicano che ho un pungiglione. Sono una **vespa.**
Sono a colori vivaci per avvertire i predatori che potrei emanare dei cattivi odori. Cosa sono, un porcellino di terra o una cimice?
Ehi, mi assomigli un po'. Anch'io ho le spine. Cosa sei?
Presto sarò una Lonomia. Credo che tu debba riposarti, Morpho. Seguimi, ma non avvicinarti troppo: i miei aculei iniettano un veleno mortale!
Morpho è un po' stanco, che mai gli succede?
"Son strano, che avrò?" il bruchetto si chiede.
"Succede anche a me, è strana la vita.
Io ti consiglio una bella dormita!"

Ah, che sonno! Betty è così stanca per aver cercato gli insetti, che si è addormentata. Beh, anch'io me ne vado a nanna!
Le farfalle adulte depongono le uova sotto le foglie per nasconderle ai predatori.
Quando si schiudono i piccoli bruchi escono. Mangiano le foglie e crescono.
Ogni giorno mangio il doppio del mio peso, come se un bambino mangiasse 20 lattughe!

I bruchi che si stanno preparando a mutare creano un bozzolo di seta intorno al corpo, che si chiama pupa e si indurisce.
All'interno della pupa avviene un cambiamento incredibile: si chiama metamorfosi.
Quante parole puoi formare con le lettere di METAMORFOSI?
Una farfalla monarca trascorre 4 giorni come uovo, 14 come bruco e 10 come pupa. Quanti giorni sono in tutto?
4 + 14+ 10 =

Mi riconosci? Anch'io sono cambiato. Sono **Lonomia**. Adesso non sono più un bruco, ma una falena.
Usiamo le zampe per sentire odori e sapori.
Sono una **farfalla a coda di rondine**. Ti ricordi dov'ero quando ero un bruco?
Le falene come me dormono di giorno e cercano il cibo di notte.
Oh! Sono tornata a dimensioni normali e ho spuntato tutta la lista, giusto in tempo per vedere Morpho...

Le farfalle hanno due lunghe antenne sulla testa. Le usano per toccare e sentire odori, rumori e sapori.
Le nostre ali sono ricoperte di minuscole squame colorate che riflettono la luce, così possono risplendere e abbagliare.
Le farfalle e le falene succhiano il nettare dai fiori, ma alcune succhiano del liquido anche da frutta e carne avariate!
Ti ricordi di me? Mi chiamano la **farfalla della regina Alessandra** e sono la più grande farfalla del mondo!
...uscire dalla pupa! Ora è una bellissima e grande farfalla blu!
Betty, mi sono divertito molto nel nostro viaggio e ho imparato tanto sui miei amici insetti. Siamo tutti incredibili!

Adesso che l'avventura è finita...

...osserva gli animali sotto e spunta la casella di quelli che hai trovato nel libro!

- Coccinella
- Lumaca gialla
- Bruco di Lonomia
- Ninfa di sputacchina
- Grande farfalla a coda di rondine zebrata
- Euphydryas aurinia
- Crocea
- Formica di velluto
- Ninfa di libellula
- Umbonia crassicornis
- Libellula
- Ditisco
- Zanzara
- Bruco di Tyria jacobaeae
- Cicala
- Apatura
- Porcellino di terra
- Cavalletta
- Pulce del gatto
- Scarabeo stercorario
- Chiocciola zigrinata
- Falena tigre
- Cicindela
- Scarafaggio scavatore gigante
- Farfalla della regina Alessandra
- Cimice
- Falena griposia aprilina
- Farfalla a coda di rondine
- Ragno granchio
- Ragno coccinella
- Larva di lucciola
- Farfalla civetta
- Parnassius apollo
- Sfinge della vite
- Ape tagliafoglie
- Ragno tessitore di foglie
- Tegenaria domestica
- Formica tagliafoglie
- Bruco di farfalla della regina Alessandra
- Scarabeo Ercole
- Farfalla Vanessa io
- Chiocciola gigante acquatica

# IL REGNO DEGLI INSETTI

# Dov'è finita la stella cadente?

Sono un'altra costellazione. Mi chiamo Toro, come l'animale. Contengo due gruppi di stelle splendenti.
Dai, esprimiamo un desiderio! Ah, Leo... Sarebbe bellissimo poterla inseguire con una vera navicella spaziale!
Fra una stella nascente e la luna calante
Leo e Star hanno visto una stella cadente!
Mai stanchi, i due esplorano i cieli lassù
non vedono l'ora di saperne di più!

Wow! Non avrei mai pensato che il desiderio espresso con una stella cadente si avverasse!
Leo, programmo il computer per guidarci verso la NOSTRA stella, il Sole. Magari illuminerà qualche altra stella cadente vicina.
Per andare nello spazio occorre un razzo potente. La forza che spinge le cose verso il centro della Terra si chiama gravità o gravosa?
Sono un **grifone**, uno dei pochi uccelli che volano in alto come un aereo. Lo strato d'aria intorno alla Terra si chiama atmosfera e contiene ossigeno, il gas che tu ed io respiriamo.

Ok Star! Chi poteva immaginare che l'atmosfera fosse così trafficata?
I satelliti come me viaggiano intorno alla Terra e inviano messaggi. Io mando i programmi TV nelle case.
Prima di raggiungere lo spazio cosmico, dobbiamo attraversare 480 chilometri di atmosfera.
I **palloni sonda** trasportano dispositivi come me per registrare le condizioni al confine con lo spazio. Poi le persone sapranno le previsioni meteo per la Terra.

Tutti con gli occhiali da sole: siamo vicini al **Sole**!
Prima che l'universo iniziasse, c'erano solo delle minuscole particelle, luce ed energia. Tutte queste si sono unite per creare il Sole, i pianeti e tutto il resto.
Sono un satellite di nome **SOHO**. Faccio delle foto al Sole da inviare alla Terra. Se la luce del Sole ci mette 8 minuti e 20 secondi per raggiungere la Terra, quanto ci vuole a percorrere metà di quella distanza?
Sì, è il Big Bang. È avvenuto 13,8 miliardi di anni fa e forse le stelle cadenti vengono da lì.

Ciao, non ho molti visitatori! Sono il **Sole** e sono una rovente palla di gas. Sono 330.000 volte più grande della Terra e genero calore e luce.
Ciao, sono **Mercurio**, il pianeta più vicino al sole. Vieni a trovarmi!
Le eruzioni solari sono esplosioni di energia sulla superficie del Sole. Quale parola si usa quando si tratta del Sole?
a. Solare
b. Solco
c. Solo
Attenti ragazzi, non bastan gli occhiali
per gli occhi quei raggi sono fatali
ciao sole, mia stella, ti devo lasciare
A noi su Mercurio conviene atterrare!

Possiamo atterrare su Mercurio perché è un pianeta roccioso, ma è piccolo: appena più grande della Luna. Quelle ammaccature sono state fatte da enormi meteoriti schiantati sulla superficie.
Le ammaccature si chiamano crateri e questo cratere gigante si chiama *Bacino Caloris*. Si è formato 4 miliardi di anni fa, quando un grande asteroide colpì Mercurio. Un miliardo ha 5 o 9 zeri?
Sono **Messenger**, la prima sonda a volare intorno a Mercurio. Una volta finito di studiare il pianeta, mi sono schiantata contro la superficie.

Sono **Venere,** un altro pianeta roccioso, ma sono ricoperto di nuvole di acido rovente. Sono più caldo di un forno per i miei grandi vulcani, quindi... vuoi venire a trovarmi?
Ha il nome di Venere, la dea dell'amore
se atterri lì friggi per i grande calore!
Laggiù c'è la Terra, intanto scendete
e là studierete le stelle comete!
Che fortuna essere giunti qui al tramonto: di giorno fa così caldo da fondere parti della navicella e di notte fa più freddo che in un freezer.
Se vivessi su Mercurio, il tuo compleanno sarebbe ogni tre mesi, perché qui i giorni sono più lunghi degli anni. Quanti giorni ci sono in un anno terrestre?

Ciao, mi conosci! Sono la **Terra,** il tuo pianeta, e sono il posto perfetto per vivere!
Ho aria e acqua, due delle cose essenziali affinché la vita prosperi.
La Terra impiega 365 giorni, un anno, per ruotare intorno al Sole. Questa rotazione si chiama orbita.
La Terra non è né troppo calda né troppo fredda; Mercurio e Venere lo sono! Finora, la Terra è l'unico posto conosciuto in cui c'è la vita!

Sono il vicino più prossimo della Terra, ma non sono un pianeta. Nel Sistema Solare ci sono otto pianeti e la Terra è il terzo a partire dal Sole. Impara i nomi degli altri pianeti.
Una stella cadente potrebbe aver portato la prima acqua sulla Terra. Oggi solo un quarto della superficie terreste non è sommersa: agganciati a noi per saperne di più!
Mentre orbita, la Terra gira sul suo asse ogni 24 ore. Sul lato che guarda il Sole è giorno e su quello opposto è notte.

La Stazione Spaziale Internazionale, o ISS, è un laboratorio dove gli scienziati come noi fanno esperimenti per imparare a vivere e a lavorare nello spazio.
Che forza questo posto! Non c'è abbastanza gravità per tenere le zampe a terra!
So che gli astronauti studiano gli effetti della gravità zero sul corpo umano per poter esplorare lo spazio in sicurezza. Che altro fate?

Io riparo un pannello che usiamo per catturare l'energia del Sole per alimentare la ISS. Ordina le lettere per scoprire che tipo di pannello è. Poi daremo una spinta alla navicella. R-O-A-L-S-E
Le persone vivono nella stazione dal 2000. Di solito ci rimangono per sei mesi. Porto altri astronauti.
Sono un **telescopio spaziale** e scatto foto a oggetti nello spazio. Vedo le cose più chiaramente dei telescopi sulla Terra. Quella stella cadente va verso la Luna!
Queste chiocciole sono solo alcune delle creature che studiamo in queste condizioni speciali. Abbiamo anche mosche, rane e qualche pianta.

Benvenuto sulla Luna! Sono una componente della navicella spaziale **Apollo**: un **lander.** Ci sono state sei missioni Apollo sulla Luna.
Dodici persone hanno camminato sulla Luna: il primo è stato Neil Armstrong, il 21 luglio 1969.
Apollo 11 è stata la prima navicella a portare le persone sulla Luna. Partì dalla Terra il 16 luglio 1969 e tornò il 24 luglio 1969. Quanti giorni durò la missione?

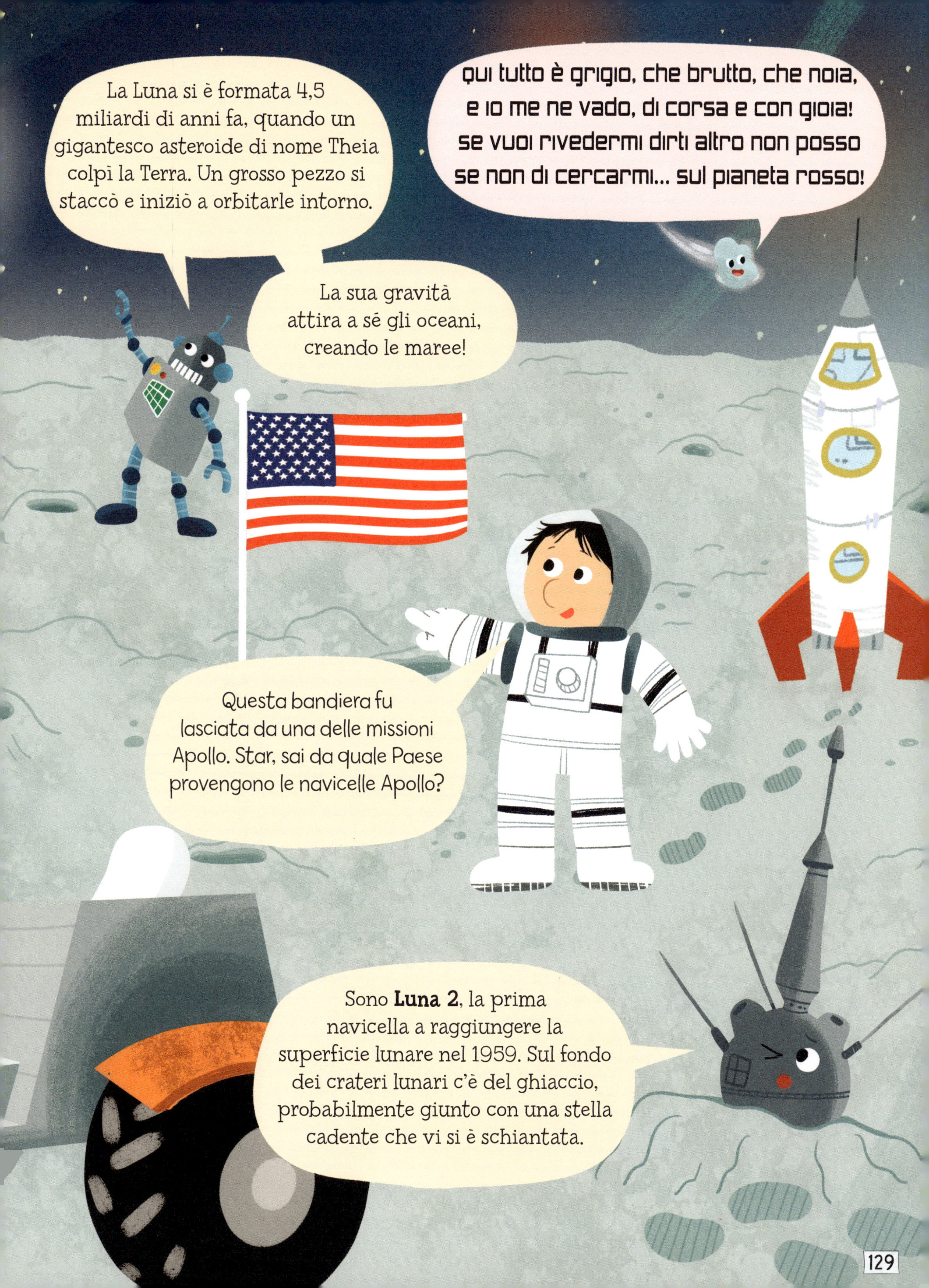
La Luna si è formata 4,5 miliardi di anni fa, quando un gigantesco asteroide di nome Theia colpì la Terra. Un grosso pezzo si staccò e iniziò a orbitarle intorno.
Qui tutto è grigio, che brutto, che noia, e io me ne vado, di corsa e con gioia! Se vuoi rivedermi dirti altro non posso se non di cercarmi... sul pianeta rosso!
La sua gravità attira a sé gli oceani, creando le maree!
Questa bandiera fu lasciata da una delle missioni Apollo. Star, sai da quale Paese provengono le navicelle Apollo?
Sono **Luna 2**, la prima navicella a raggiungere la superficie lunare nel 1959. Sul fondo dei crateri lunari c'è del ghiaccio, probabilmente giunto con una stella cadente che vi si è schiantata.

Benvenuto su Marte. Mi chiamo **Phobos**, una delle sue due piccole lune.
Sei il primo essere vivente a camminare sul pianeta, ma forse tanto tempo fa qui c'era una qualche forma di vita... chissà!
Sulla Terra riesco a saltare fino a 50 centimetri, ma qui su Marte la gravità è così debole, che salto tre volte più in alto. A che altezza salto?
Mi chiamo **Curiosity** e sono un **rover**, un tipo di robot. Uso il braccio per raccogliere rocce e terreno, e per cercare segni di vita.
Marte è chiamato il pianeta rosso perché è ricoperto di rocce e sabbia rosse. Anch'io sono un rover e non funziono dal 2018, dopo essere stato soffocato da una tempesta di sabbia. Attento... eccone un'altra!

Lo sapevi che Marte ha due poli di ghiaccio, come la Terra, e un po' d'acqua?
Sono un vulcano enorme, mi chiamo **Olympus Mons** e sono tre volte più grande del Monte Everest sul tuo pianeta.
Leo, sta arrivando un'enorme tempesta di sabbia. Andiamocene da qui!
Brrr! Qui fa più freddo che sulla Terra, perché siamo più lontani dal Sole.

Oh no, hai raggiunto la fascia di asteroidi! Per andare da Marte a Giove, scopri se ogni affermazione è vera o falsa. Le risposte corrette ti terranno sulla strada giusta.

INIZIO

**Venere è il secondo pianeta a partire dal Sole.**

Oh cielo! Marte è davvero rosso a causa di un minerale chiamato ossido di ferro.

**L'inizio dell'universo si chiama Big Snap.**

No! È conosciuto come Big Bang.

**La gravità è una forza che spinge.**

**Il quinto pianeta a partire dal Sole è fatto di gas.**

Scusa, il quinto pianeta è Giove ed è fatto di gas.

Se un asteroide si spezza, i pezzi si chiamano meteore. Se volano attraverso l'atmosfera terrestre, bruciano e creano un tipo di stella cadente: un meteorite!

Oh, no, un labirinto, brr! Che paura,
uscirne stavolta è stata assai dura!
Ma adesso vi aspetta un incontro mostruoso:
un titano, un ciclope... un gigante gassoso!

Wow, Star! Sei stata bravissima a guidare la navicella attraverso la fascia di asteroidi.
Sono **Giove,** il pianeta più grande del Sistema Solare. Siete atterrati su Io, una delle mie tante lune.
Mi chiamo **Europa** e lo strato di ghiaccio che mi ricopre è spesso 25 chilometri. Sotto ci sono degli enormi oceani pieni d'acqua dove potrebbe esserci la vita! Un giorno dovrai venire a trovarmi per scoprirlo.
Ci sono vulcani ovunque, ma almeno Io è fatta di solida roccia! Giove non ha nessuna superficie su cui atterrare: solo gas vorticosi con enormi tempeste che turbinano intorno alla superficie.
Giove, riesco a vedere la delle tua gigantesca tempesta, la Grande Macchia Rossa. Ho letto che è un uragano più grande della Terra e che dura da 3 secoli circa. Quanti anni sono, 30 o 100?

Sono un orbiter di nome **Juno** e sono partito dalla Terra nel 2011. Orbito intorno a Giove per scoprire come si è formato e se c'è l'acqua, e per studiare le sue enormi tempeste.
Giove ha più di 75 lune. Sono **Ganimede,** la più grande. Quale parola descrive la forma dei pianeti e delle lune? Se credi che sia "sfera", vola verso Saturno, ma se credi che sia "cubo", vai dritto verso Plutone.
Le quattro lune più grandi di Giove furono scoperte dal grande scienziato Galileo Galilei. Mi chiamo **Callisto**. Metti in ordine le lettere per scoprire cosa usava Galileo per guardarci: C-O-P-E-S-L-E-T-I-O

Benvenuto nella mia orbita! Sono **Saturno**, il secondo pianeta più grande del Sistema Solare.
Qui un anno dura circa come 30 terrestri. Cinque navicelle spaziali sono venute qui, ma nessuna può atterrare perché sono fatto di gas, come Giove. Ho più di 50 lune. Quante ne vedi?
Saturno ruota più veloce della Terra e un giorno dura meno di 11 ore. Quante ore ci sono in un giorno terrestre?
Non avvicinarti troppo! Nel cielo di Saturno ci sono lampi e tempeste incredibili. Durano per mesi e ogni secondo ci sono 10 fulmini.
Sono **Titano** e nemmeno qui è sicuro atterrare. Ho laghi e oceani, ma sono pieni di sostanze chimiche mortali. Qui le gocce di pioggia sono grosse come biglie.

Brrrrr! Sono **Rea**, una delle lune gelate di Saturno. I sette anelli di Saturno sono fatti di grossi pezzi di roccia e ghiaccio. La sonda che li ha studiati si chiama Cassini come Giovanni Cassini, l'astronomo italiano che mi ha scoperta!
Saturno è così leggero, che potrebbe galleggiare in una vasca, se ne esistesse una tanto grande.
Urrà! Mi hai trovata! Se ricordi i nomi di tutti i pianeti che hai visto finora, ti porterò a trovare l'ultimo.

È così emozionante: abbiamo inseguito una stella cadente e ora viaggiamo con lei!
Siamo proprio ai confini del Sistema Solare. Guarda, ecco Nettuno, l'ultimo pianeta.
Fui lanciata per esplorare la fascia di Kuiper. Alcune stelle cadenti sono meteoriti e altre comete. Le comete arrivano dal Big Bang, quando è iniziato l'universo.
Torno verso la Terra, così vi porterò a casa. Sono una cometa, una gigantesca palla di ghiaccio e gas che orbita intorno al Sole. Spesso le comete sono chiamate stelle cadenti. Mi sono formata oltre la fascia di Kuiper, in un posto chiamato Nube di Oort.

Mi chiamo **Nettuno.** Sono un gigante di ghiaccio buio, freddo e ventoso. Impiego 165 giorni terrestri per ruotare intorno al Sole, da cui disto 4.5 miliardi di chilometri. Vedi i miei deboli anelli?
Siamo frammenti di ghiaccio e roccia, comete e pianeti nani. Formiamo un anello intorno a Nettuno chiamato fascia di Kuiper, quindi ci chiamano oggetti della **fascia di Kuiper** o **KBO.**
Sono **Plutone** e anch'io sono nella fascia di Kuiper. La mia grande luna si chiama Caronte.
Plutone era il nono pianeta del Sistema Solare, ma fu deciso che era troppo piccolo. Adesso lo chiamano "pianeta nano" e non ne è molto felice!
Altri mille pianeti vorrei esplorare
ma nessuno tra i tanti, mi sento di dire
nessuno, tra tutti sarà mai prezioso
come il nostro pianeta... ch'è meraviglioso!

Che avventura! Volevamo imparare tutto sulle stelle cadenti, ma abbiamo imparato molto anche sul Sistema Solare.
Star, sai che il tuo nome significa "stella"?
Certo che sì! E tu sai che la costellazione lassù si chiama "Leone" come te? Leo in latino significa "leone".

Quando le comete si avvicinano al Sole si scaldano e risplendono. La coda dietro di me è fatta di polvere e gas. Ciao Leo, ciao Star! Passerò ancora di qui fra tanto, tanto tempo.
Abbiamo imparato che le stelle cadenti sono meteoriti e comete che sfrecciano nello spazio. Gli animali, come te, e tutta la vita, esistono perché una cometa con l'acqua si è schiantata sulla Terra tanto tempo fa.
Le comete sono fatte di materiale residuo del Big Bang. Ti ricordi quanto tempo fa è avvenuto?

Adesso che l'avventura è finita...

...osserva sotto e spunta la casella di tutto quello che hai trovato nel libro!

- [ ] Thebe
- [ ] Telescopio ottico
- [ ] Elara
- [ ] Eruzione solare
- [ ] Deimos
- [ ] Nettuno
- [ ] Veicolo lunare dell'Apollo
- [ ] Uranio
- [ ] Amaltea
- [ ] Nube alte
- [ ] Encelado
- [ ] Costellazione di Orione
- [ ] Crew Dragon
- [ ] Saturno
- [ ] Astronauta che cammina nello spazio
- [ ] Makemake
- [ ] .Terra
- [ ] Aerobus 350
- [ ] Marte
- [ ] New Horizons
- [ ] La Grande Macchia Rossa
- [ ] Caronte
- [ ] Rover Opportunity
- [ ] Giove
- [ ] Mercurio
- [ ] Costellazione del Leone
- [ ] Venere
- [ ] Sonda spaziale Akatsuki

Hai vissuto un'avventura incredibile! Spunta la casella dei luoghi in cui sei stato!
Sole
2
3
Mercurio
Venere
4
ISS
7
Fascia di asteroidi
1
Terra
5
Luna
6
Marte
8
Giove
9
Saturno
10
Nettuno
Uranio